школа - école	2
падарожжа - voyage	5
транспарт - transport	8
горад - ville	10
краявід - paysage	14
рэстаран - restaurant	17
супермаркет - supermarché	20
напоі - boissons	22
ежа - alimentation	23
сядзіба - ferme	27
дом - maison	31
жылы пакой - salon	33
кухня - cuisine	35
ванная - salle de bain	38
дзіцячы пакой - chambre d'enfant	42
адзенне - vêtements	44
офіс - bureau	49
эканоміка - économie	51
прафесіі - professions	53
інструменты - outils	56
музычныя інструменты - instruments de musique	57
заапарк - zoo	59
спорт - sports	62
дзейнасць - activités	63
сям'я - famille	67
цела - corps	68
шпіталь - hôpital	72
экстраная дапамога - urgence	76
Зямля - terre	77
гадзіннік - ...heure(s)	79
тыдзень - semaine	80
год - année	81
формы - formes	83
колеры - couleurs	84
супрацьлегласці - oppositions	85
лічбы - nombres	88
мовы - langues	90
хто / што / як - qui / quoi / comment	91
дзе - où	92

Impressum
Verlag: BABADADA GmbH, Nedderfeld 112 , 22529 Hamburg
Geschäftsführer / Verlagsleitung: Harald Hof
Druck: Books on Demand GmbH, In de Tarpen 42, 22848 Norderstedt

Imprint
Publisher: BABADADA GmbH, Nedderfeld 112 , 22529 Hamburg, Germany
Managing Director / Publishing direction: Harald Hof
Print: Books on Demand GmbH, In de Tarpen 42, 22848 Norderstedt

школа

école

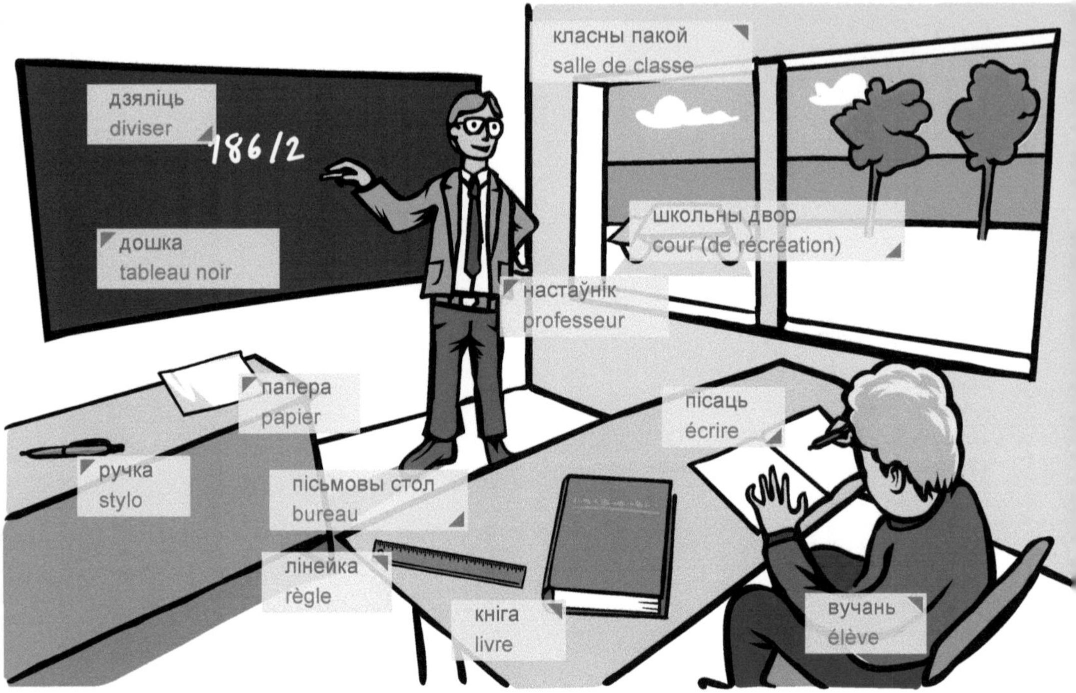
класны пакой
salle de classe
дзяліць
diviser
186/2
дошка
tableau noir
школьны двор
cour (de récréation)
настаўнік
professeur
папера
papier
пісаць
écrire
ручка
stylo
пісьмовы стол
bureau
лінейка
règle
кніга
livre
вучань
élève

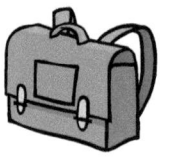

ранец
....
cartable

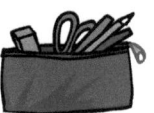

пенал
....
trousse

просты аловак
....
crayon

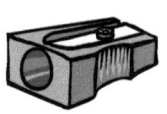

тачылка для алоўкаў
....
taille-crayon

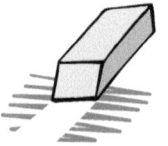

гумка
....
gomme

альбом для малявання
....
carnet à dessin

малюнак

dessin

пэндзлік

pinceau

фарбы

boîte de peinture

нажніцы

ciseaux

клей

colle

сшытак

cahier d'exercices

хатняе заданне

devoirs

12

лік

chiffre

2+2

дадаваць

additionner

5-2

адымаць

soustraire

2×2

множыць

multiplier

лічыць

calculer

A

літара

lettre

ABCDEFG HIJKLMN OPQRSTU VWXYZ

алфавіт

alphabet

hello

слова

mot

тэкст

texte

чытаць

lire

крэйда

craie

ўрок

leçon

класны журнал

livre de classe

экзамен

examen

атэстат

certificat

школьная форма

uniforme scolaire

адукацыя

formation

энцыклапедыя

lexique

універсітэт

université

мікраскоп

microscope

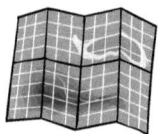

карта

carte

смеццевы кошык

corbeille à papier

падарожжа
voyage

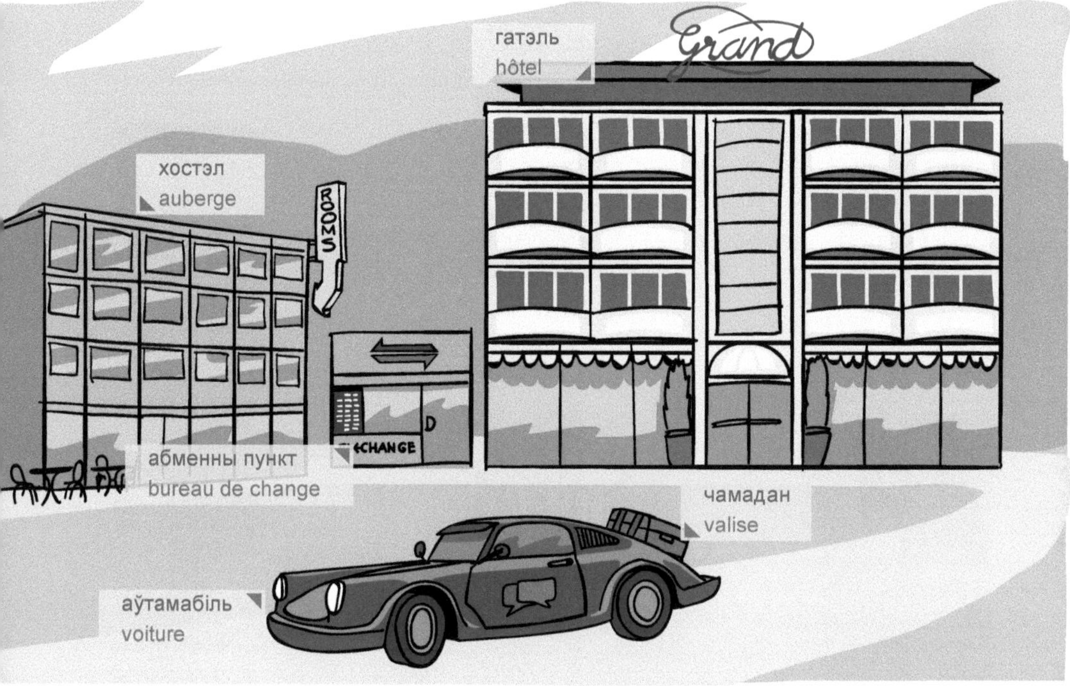
Grand
гатэль
hôtel
хостэл
auberge
ROOMS
CHANGE
абменны пункт
bureau de change
чамадан
valise
аўтамабіль
voiture

мова
langue

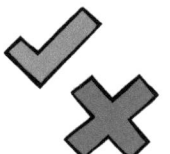

так / не
oui / non

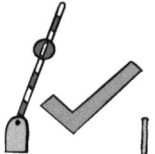

добра
d'accord

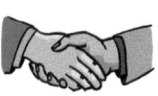

прывітанне!
Salut

перакладчык
interprète

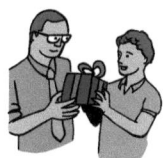

дзякуй
merci

Колькі каштуе....?

Combien coûte...?

я не разумею

Je ne comprends pas

праблема

problème

Добры вечар!

Bonsoir !

Добрай раніцы!

Bonjour !

Дабранач!

Bonne nuit !

да пабачэння

Au revoir

кірунак

direction

багаж

bagages

сумка

sac

заплечнік

sac-à-dos

госць

hôte

пакой

pièce

спальны мяшок

sac de couchage

палатка

tente

інфармацыя для турыстаў

office de tourisme

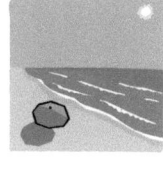

пляж

plage

крэдытная картка

carte de crédit

снеданне

petit-déjeuner

абед

déjeuner

вячэра

dîner

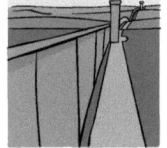

праязны білет

billet

ліфт

ascenseur

паштовая марка

timbre

мяжа

frontière

мытня

douane

пасольства

ambassade

визa

visa

пашпарт

passeport

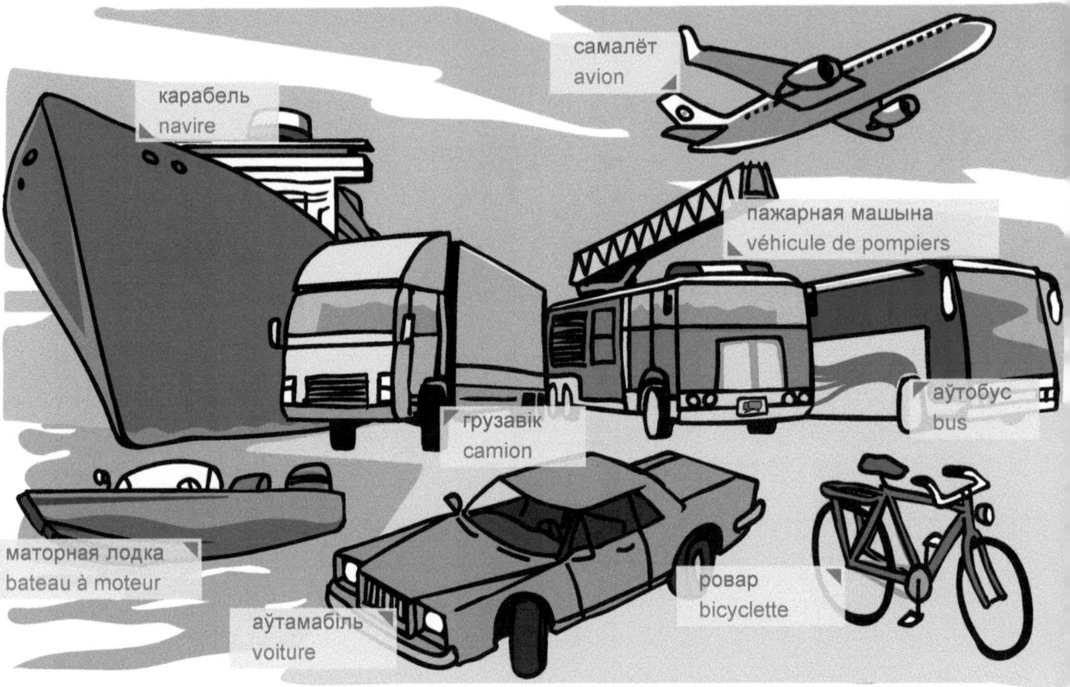

самалёт
avion

карабель
navire

пажарная машына
véhicule de pompiers

аўтобус
bus

грузавік
camion

маторная лодка
bateau à moteur

ровар
bicyclette

аўтамабіль
voiture

паром

ferry

лодка

barque

матацыкл

moto

паліцэйская машына

voiture de police

гоначны аўтамабіль

voiture de course

арэндаваны аўтамабіль

voiture de location

сумеснае карыстанне
аўтамабілем

auto-partage

эвакуатар

voiture de remorquage

смеццявоз

benne à ordures

матор

moteur

паліва

essence

запраўка

station d'essence

дарожны знак

panneau indicateur

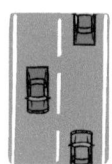

дарожны рух

trafic

затор

embouteillage

паркоўка

parking

чыгуначная станцыя

gare

рэйкі

rails

цягнік

train

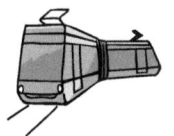

трамвай

tramway

вагон

wagon

верталёт

hélicoptère

аэрапорт

aéroport

вежа

tour

пасажыр

passager

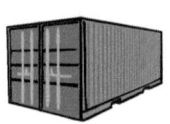

кантэйнер

conteneur

кардонная скрыня

carton

тачка

chariot

карзіна

corbeille

ўзлятаць / прызямляцца

décoller / atterrir

горад

ville

вёска

village

цэнтр горада

centre-ville

дом

maison

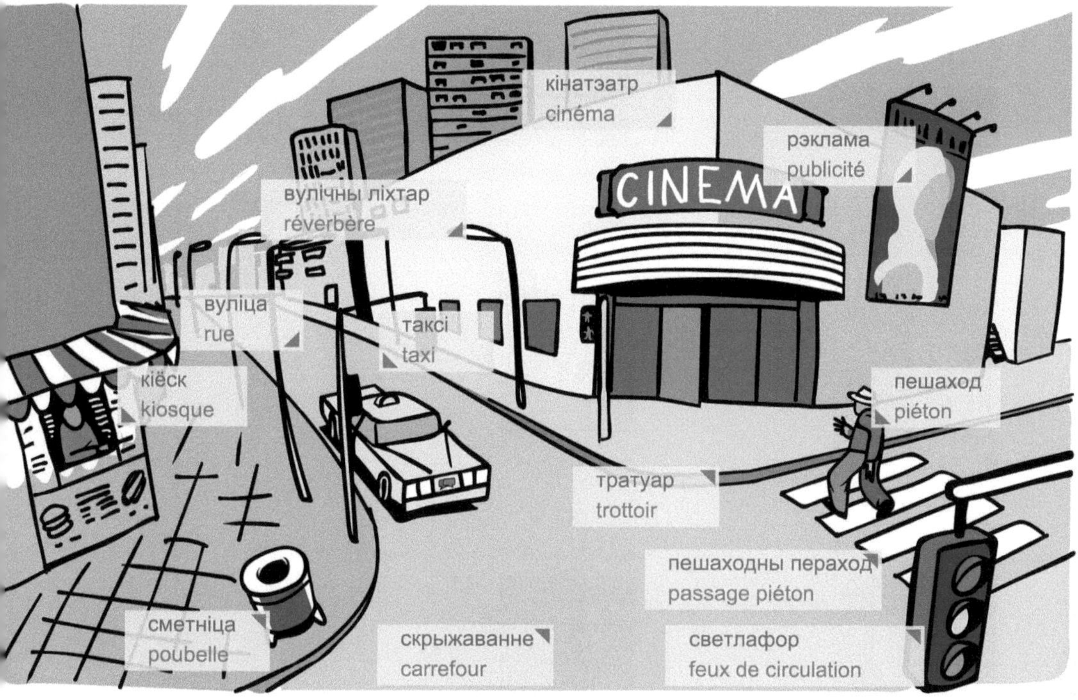

кінатэатр
cinéma

рэклама
publicité

вулічны ліхтар
réverbère

CINEMA

вуліца
rue

таксі
taxi

пешаход
piéton

кіёск
kiosque

тратуар
trottoir

пешаходны пераход
passage piéton

сметніца
poubelle

скрыжаванне
carrefour

светлафор
feux de circulation

халупа
cabane

кватэра
appartement

чыгуначная станцыя
gare

ратуша
mairie

музей
musée

школа
école

універсітэт

université

банк

banque

шпіталь

hôpital

гатэль

hôtel

аптэка

pharmacie

офіс

bureau

кнігарня

librairie

крама

magasin

кветкавая крама

fleuriste

супермаркет

supermarché

кірмаш

marché

універмаг

grand magasin

рыбная крама

poissonnerie

гандлевы цэнтр

centre commercial

порт

port

парк

parc

лава

banque

мост

pont

лесвіца

escaliers

метро

métro

тунэль

tunnel

прыпынак

arrêt de bus

бар

bar

рэстаран

restaurant

паштовая скрыня

boîte à lettres

вулічны паказальнік

panneau indicateur

паркамат

parcmètre

заапарк

zoo

басейн

piscine

мячэць

mosquée

сядзіба
....
ferme

забруджванне
навакольнага асяроддзя
....
pollution

могілкі
....
cimetière

царква
....
église

пляцоўка для гульні
....
aire de jeux

храм
....
temple

краявід

paysage

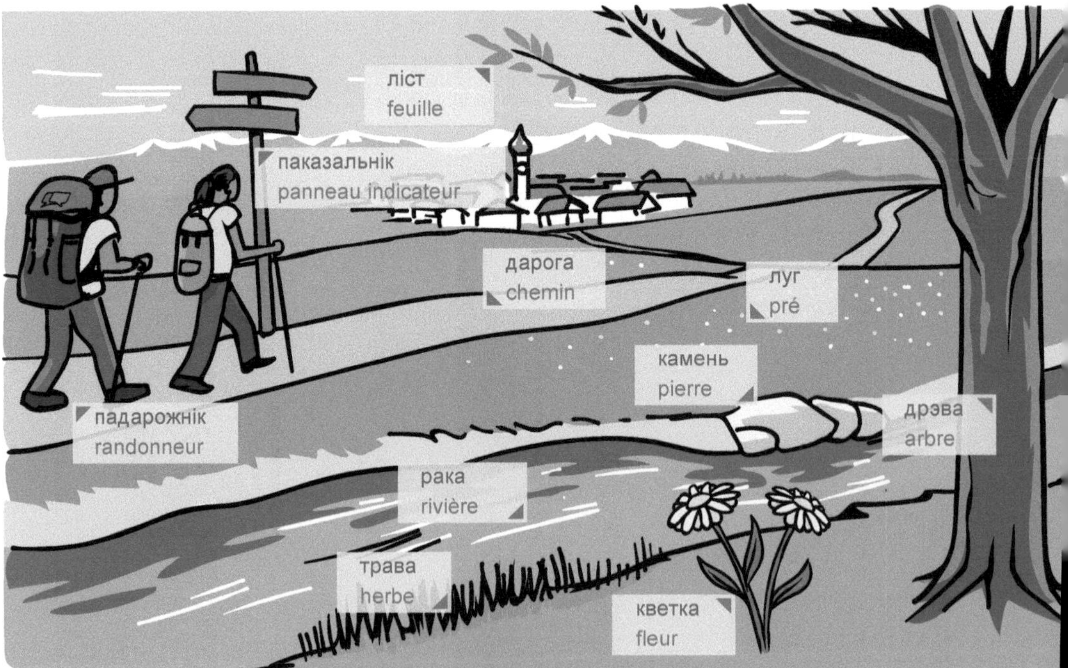

ліст
feuille

паказальнік
panneau indicateur

дарога
chemin

луг
pré

камень
pierre

падарожнік
randonneur

дрэва
arbre

рака
rivière

трава
herbe

кветка
fleur

даліна
vallée

гара
montagne

возера
lac

лес
forêt

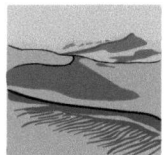

пустыня
désert

вулкан
volcan

замак
château

вясёлка
arc-en-ciel

грыб
champignon

пальма
palmier

камар
moustique

муха
mouche

мурашка
fourmis

пчала
abeille

павук
araignée

жук

coléoptère

жаба

grenouille

вавёрка

écureuil

вожык

hérisson

заяц

lièvre

сава

chouette

птушка

oiseau

лебедзь

cygne

дзік

sanglier

алень

cerf

лось

élan

пляціна

barrage

вятрак

éolienne

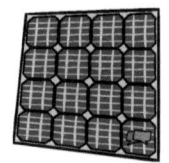

сонечная батарэя

panneau solaire

клімат

climat

рэстаран
restaurant

афіцыянт
serveur
меню
menu
крэсла
chaise
суп
soupe
піца
pizza
абрус
nappe
сталовыя прыборы
couverts

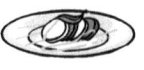

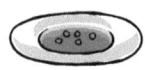

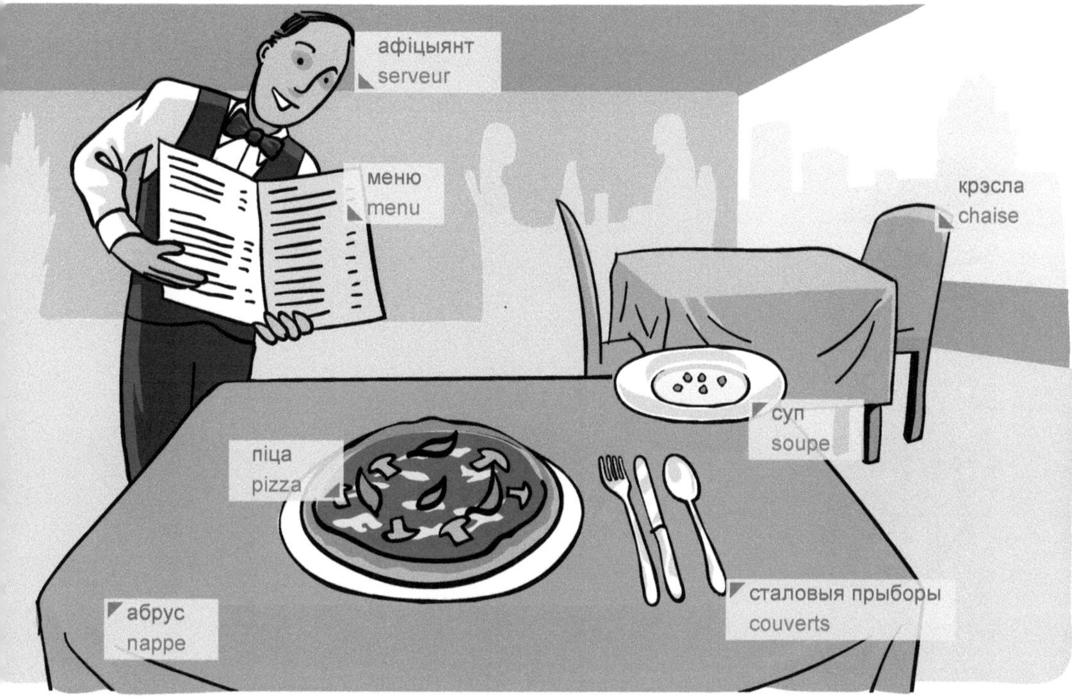

закуска

hors d'œuvre

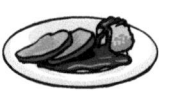

другая страва

plat principal

дэсерт

dessert

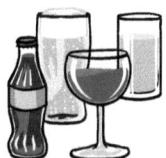

напоі

boissons

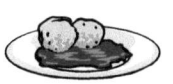

ежа

alimentation

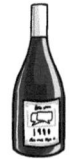

бутэлька

bouteille

хуткае харчаванне (фаст-
фуд)

fast-food

стрыт-фуд

plats à emporter

імбрык (чайнік)

théière

цукарніца

sucrier

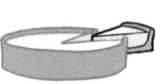

порцыя

portion

эспрэса-машына

machine à expresso

дзіцячае крэселка

chaise haute

рахунак

facture

паднос

plateau

нож

couteau

відэлец

fourchette

лыжка

cuillère

чайная лыжка

cuillère à thé

сурвэтка

serviette

шклянка

verre

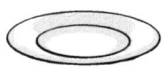

талерка

assiette

супавая талерка

assiette à soupe

сподак

soucoupe

соус

sauce

сальніца

salière

млынок для перцу

moulin à poivre

воцат

vinaigre

алей

huile

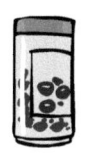

спецыі

épices

кетчуп

ketchup

гарчыца

moutarde

маянэз

mayonnaise

супермаркет
supermarché

супермаркет

акцыя
offre promotionnelle

пакупнік
client

малочныя прадукты
produits laitiers

садавіна
fruits

вазок
chariot

FOR

мясная крама

boucherie

хлебны магазін

boulangerie

важыць

peser

гародніна

légumes

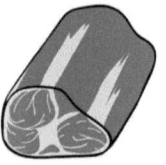

мяса

viande

свежазамарожаныя
прадукты
aliments surgelés

нарэзка

charcuterie

кансервы

conserves

пральны парашок

poudre à lessive

прысмакі

bonbons

хатнія прылады

articles ménagers

чысцячы сродак

détergents

прадавец

vendeuse

каса

caisse

касір

caissier

спіс пакупак

liste d'achats

гадзіны працы

heures d'ouverture

бумажнік

portefeuille

крэдытная картка

carte de crédit

сумка

sac

пакет

sac en plastique

вада

eau

сок

jus de fruit

малако

lait

кола

coca

віно

vin

піва

bière

алкаголь

alcool

какава

chocolat chaud

гарбата (чай)

thé

кава

café

эспрэса

expresso

капучына

cappuccino

банан

banane

яблык

pomme

апельсін

orange

дыня

melon

лімон

citron

морква

carotte

часнок

ail

бамбук

bambou

цыбуля

oignon

грыб

champignon

арэхі

noisettes

локшына

pâtes

спагеці

spaghetti

рыс

riz

салата

salade

бульба фры

pommes frites

смажаная бульба

pommes de terre rôties

піца

pizza

гамбургер

hamburger

бутэрброд

sandwich

шніцаль

escalope

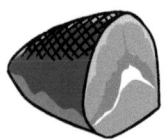

вяндліна

jambon

салямі

salami

каўбаса

saucisse

курыца

poulet

смажаніна

rôti

рыбак

poisson

аўсяныя камякі

flocons d'avoine

мюслі

muesli

кукурузныя шматкі

cornflakes

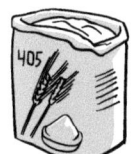

мука

farine

круасан

croissant

булачка

petits-pains

хлеб

pain

тост

pain grillé

пячэнне

biscuits

масла

beurre

тварог

le fromage blanc

пірог

gâteau

яйка

œuf

яечня

œuf au plat

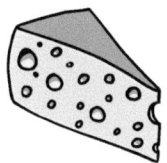

сыр

fromage

ежа - alimentation

марожанае

glace

цукар

sucre

мёд

miel

варэнне

confiture

нуга

crème nougat

кары

curry

сядзіба

ferme

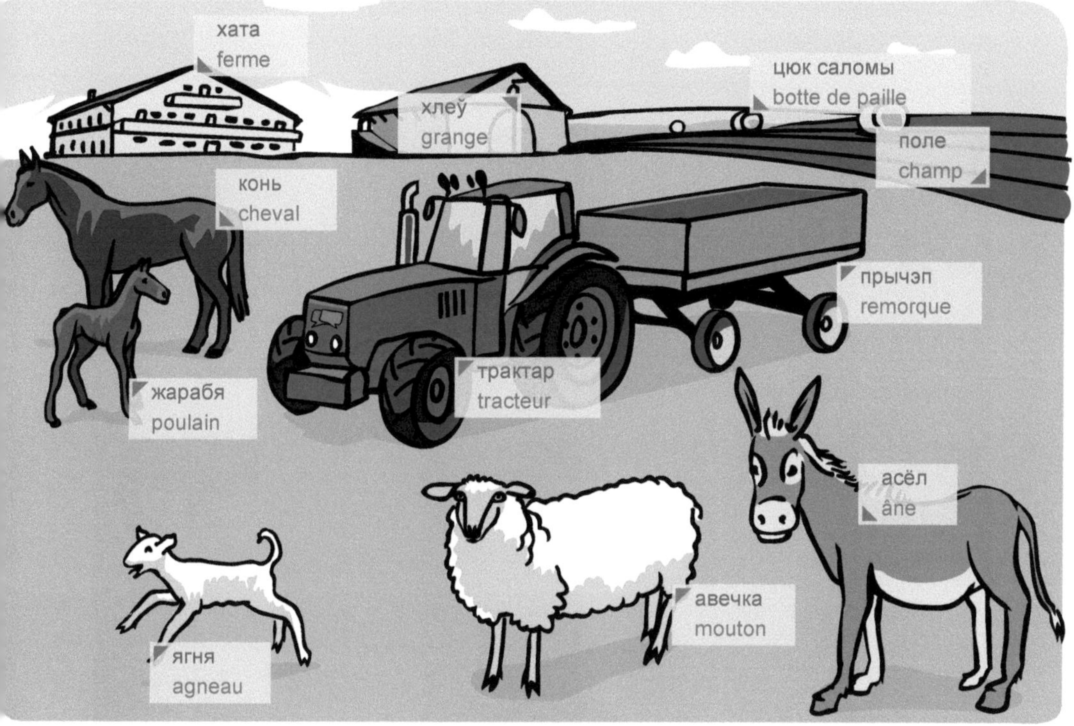
хата
ferme
хлеў
grange
цюк саломы
botte de paille
поле
champ
конь
cheval
прычэп
remorque
трактар
tracteur
жарабя
poulain
асёл
âne
авечка
mouton
ягня
agneau

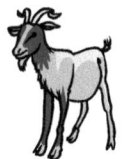

каза

chèvre

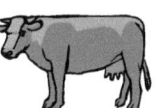

карова

vache

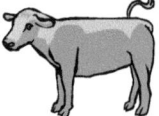

цяля

veau

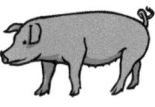

свіння

porc

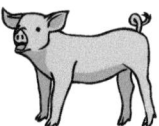

парася

porcelet

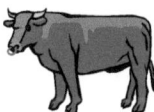

бык

taureau

гусак
....
oie

качка
....
canard

кураня
....
poussin

курыца
....
poule

певень
....
coq

пацук
....
rat

кот
....
chat

мыш
....
souris

вол
....
bœuf

сабака
....
chien

сабачая будка
....
chenil

садовы шланг
....
tuyau de jardin

палівачка
....
arrosoir

каса
....
faucheuse

плуг
....
charrue

серп

faucille

матыка

pioche

вілы для гною

fourche

сякера

hache

тачка

brouette

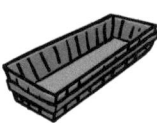

карыта

cuve

бітон для малака

pot à lait

мех

sac

плот

clôture

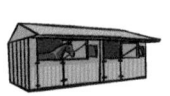

хлеў

étable

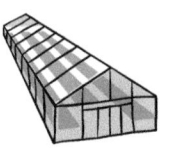

цяпліца

serre

глеба

sol

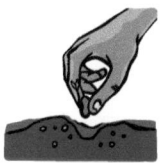

насенне

semences

угнаенне

engrais

камбайн

moissonneuse-batteuse

збіраць ураджай

récolter

ураджай

récolte

ямс

igname

пшаніца

blé

соя

soja

бульба

pomme de terre

кукуруза

maïs

рапс

colza

садовае дрэва

arbre fruitier

маніёк

manioc

збожжа

céréales

дом

maison

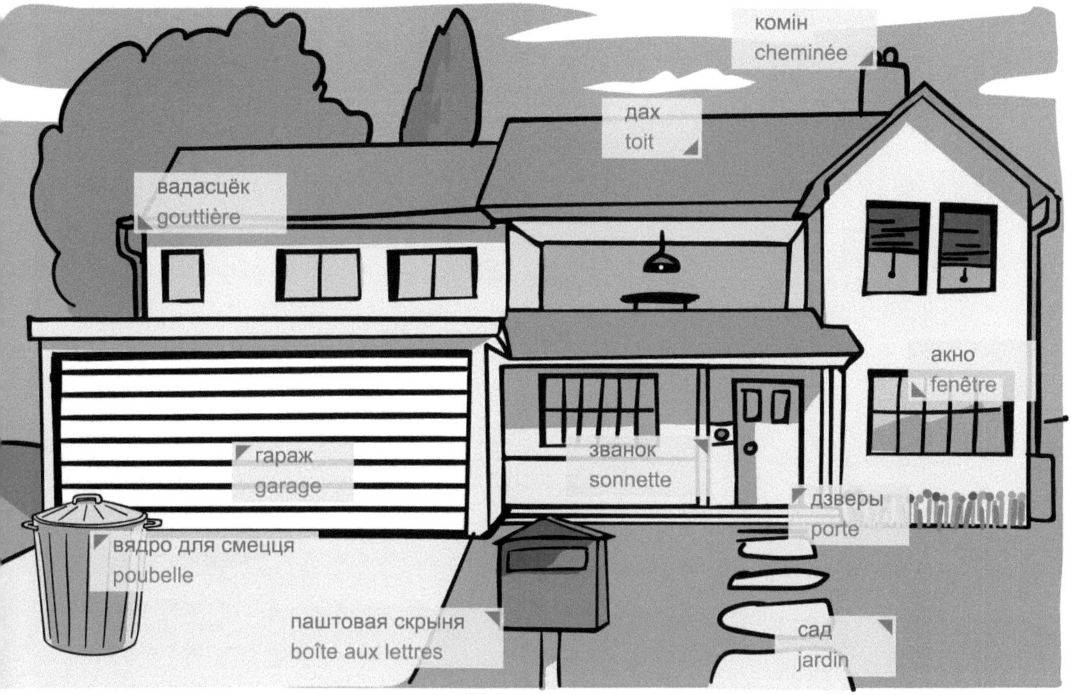

комін
cheminée
дах
toit
вадасцёк
gouttière
акно
fenêtre
гараж
garage
званок
sonnette
дзверы
porte
вядро для смецця
poubelle
паштовая скрыня
boîte aux lettres
сад
jardin

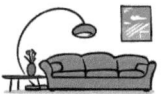

жылы пакой

salon

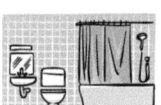

ванная

salle de bain

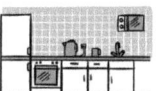

кухня

cuisine

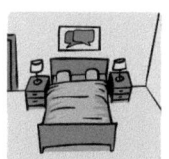

спальны пакой

chambre à coucher

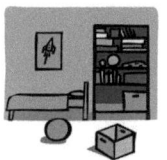

дзіцячы пакой

chambre d'enfant

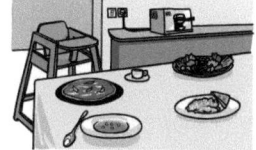

сталоўка

salle à manger

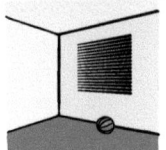

падлога
sol

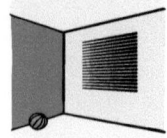

сцяна
mur

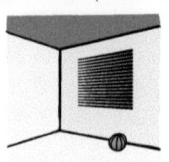

столь
plafond

падвал
cave

саўна
sauna

балкон
balcon

тэраса
terrasse

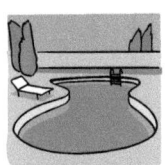

басейн
piscine

касілка
tondeuse à gazon

падкоўдранік
housse

коўдра
couette

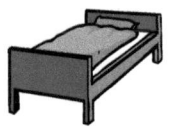

ложак
lit

венік
balai

вядро
sceau

выключальнік
interrupteur

жылы пакой

salon

шпалеры
papier peint
малюнак
image
лямпа
lampe
паліца
étagère
шафа
armoire
тэлевізар
télé
камін
cheminée
кветка
fleur
падушка
coussin
канапа
sofa
ваза
vase
пульт
télécommande

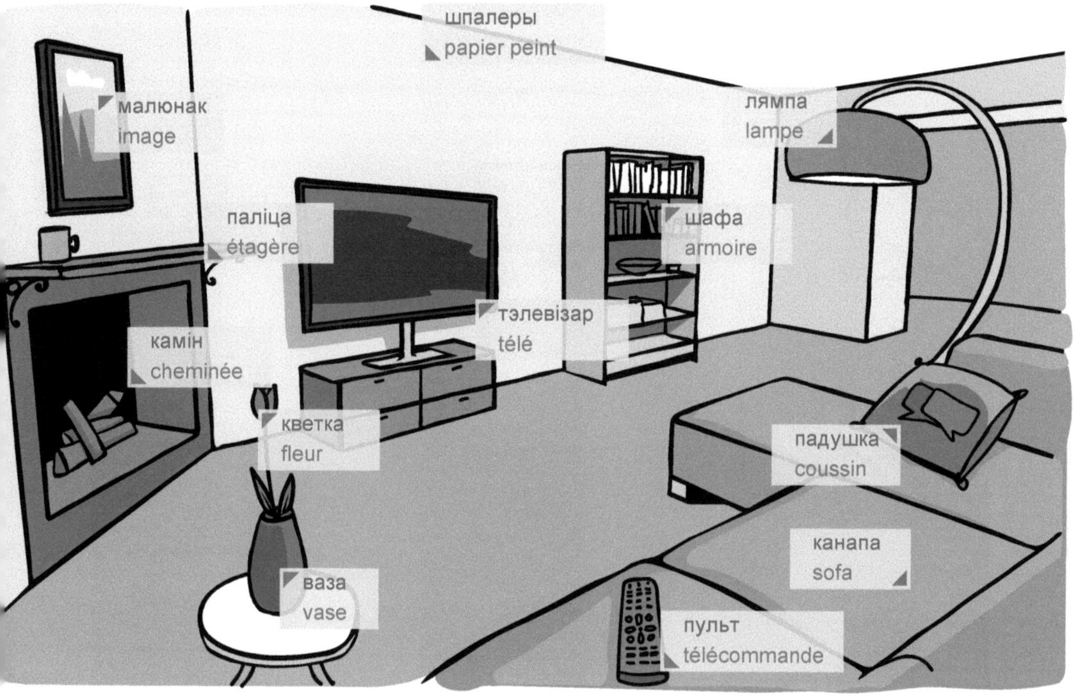

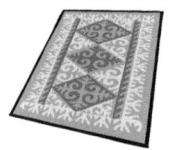

дыван

tapis

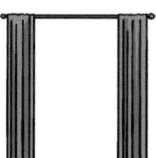

фіранка

rideau

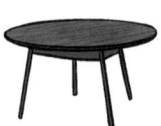

стол

table

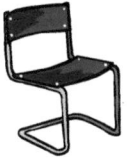

крэсла

chaise

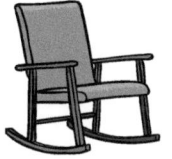

крэсла-качалка

chaise à bascule

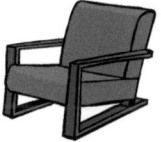

крэсла

fauteuil

кніга

livre

коўдра

couverture

дэкарацыя

décoration

дровы

bois de chauffage

кіно

film

стэрэасістэма

chaîne hi-fi

ключ

clé

газета

journal

карціна

peinture

постар

poster

радыё

radio

нататнік

bloc-notes

пыласос

aspirateur

кактус

cactus

свечка

bougie

кухня
cuisine

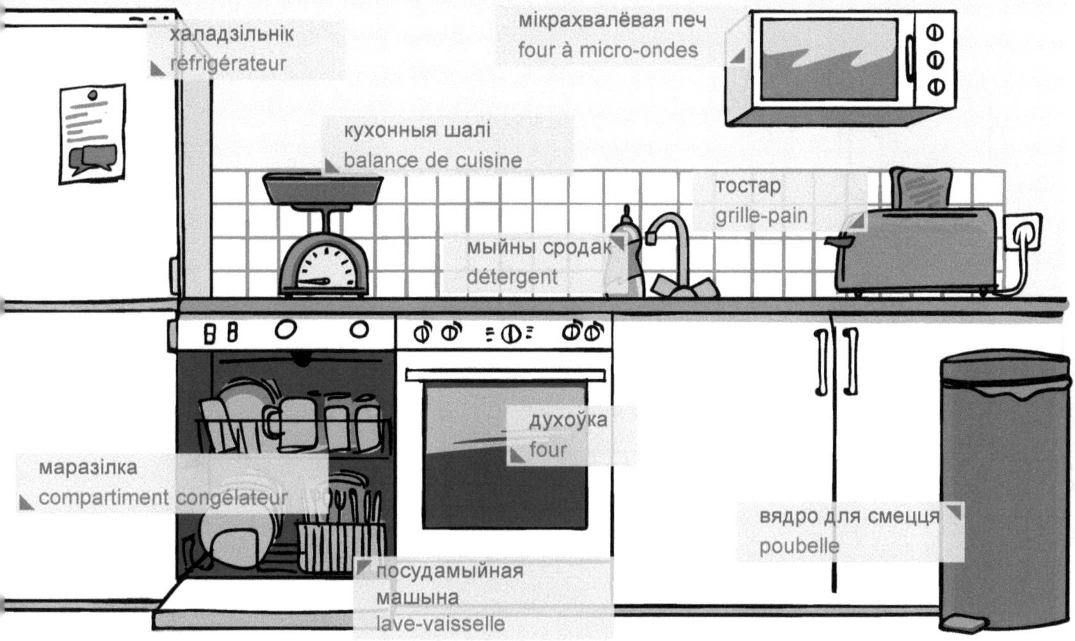

халадзільнік
réfrigérateur
мікрахвалёвая печ
four à micro-ondes
кухонныя шалі
balance de cuisine
тостар
grille-pain
мыйны сродак
détergent
духоўка
four
маразілка
compartiment congélateur
вядро для смецця
poubelle
посудамыйная машына
lave-vaisselle

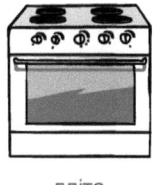

пліта

four

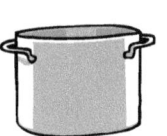

рондаль

casserole

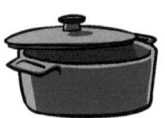

чыгунок

marmite

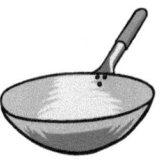

Вок / кадаі

wok / kadai

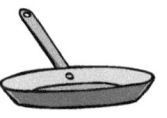

патэльня

poêle

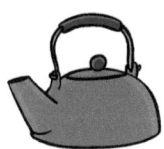

чайнік

bouilloire electrique

параварка

cuiseur vapeur

бляха

plaque de cuisson

посуд

vaisselle

кубак

gobelet

міска

coupe

палачкі для ежы

baguettes

чарпак

louche

лапатачка

spatule

збівалка

fouet

сіта для варэння

passoire

сіта

tamis

тарка

râpe

ступка

mortier

грыль

barbecue

вогнішча

cheminée

дошка

planche à découper

качалка

rouleau à pâtisserie

штопар

tire-bouchon

бляшанка

boîte

адкрывалка

ouvre-boîte

прыхваткі

maniques

ракавіна

lavabo

шчотка

brosse

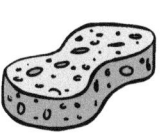

губка

éponge

міксер

mixeur

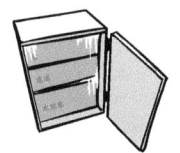

маразільная камера

congélateur

бутэлечка

biberon

вадаправодны кран

robinet

ванная
salle de bain

ручніковы сушыцель
chauffage
душ
douche
ручнік
serviette
штора для душа
rideau de douche
пенная ванна
bain moussant
ванна
baignoire
шклянка
verre
мыйная машына
machine à laver
вадаправодны кран
robinet
плітка
carrelage
начны гаршчок
pot
ракавіна
lavabo

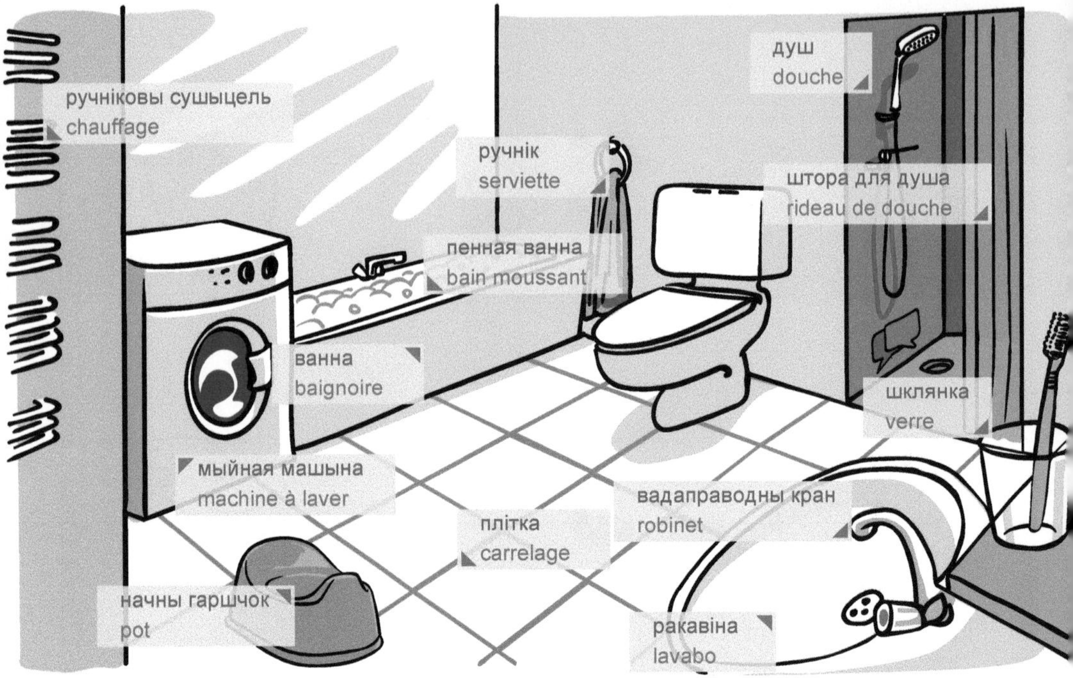

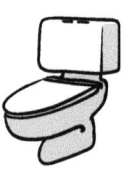

туалет

toilettes

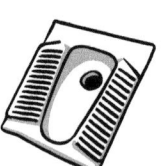

падлогавы ўнітаз

toilette à la turque

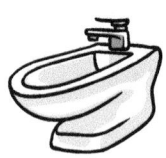

бідэ

bidet

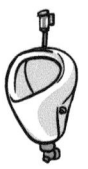

пісуар

urinoir

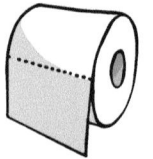

туалетная папера

papier toilette

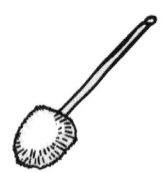

шчотка для чысткі ўнітаза

brosse à toilette

зубная шчотка

brosse à dents

зубная паста

dentifrice

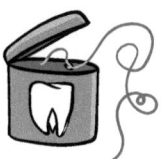

зубная нітка

fil dentaire

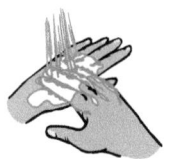

мыць

laver

ручны душ

douche manuelle

інтымны душ

douche intime

умывальнік

vasque

шчотка для спіны

brosse dorsale

мыла

savon

гель для душа

gel douche

шампунь

shampooing

вяхотка

gant de toilette

вадасцёк

écoulement

крэм

crème

дэзадарант

déodorant

люстэрка

miroir

касметычнае люстэрка

miroir cosmétique

станок для галення

rasoir

пена для галення

mousse à raser

ласьён пасля галення

après-rasage

грэбень

peigne

шчотка

brosse

фен

sèche-cheveux

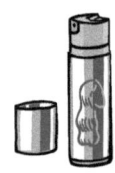

лак для валасоў

laque pour cheveux

касметыка

fond de teint

памада

rouge à lèvres

лак для пазногцяў

vernis à ongles

вата

ouate

манікюрныя нажніцы

coupe-ongles

духі

parfum

касметычка

trousse de toilette

табурэтка

tabouret

вагі

pèse-personne

лазневы халат

peignoir

санітарныя пальчаткі

gants de nettoyage

тампон

tampon

гігіенічныя пракладкі

serviettes hygiéniques

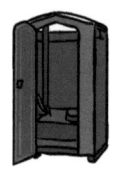

біятуалет

toilette chimique

дзіцячы пакой

chambre d'enfant

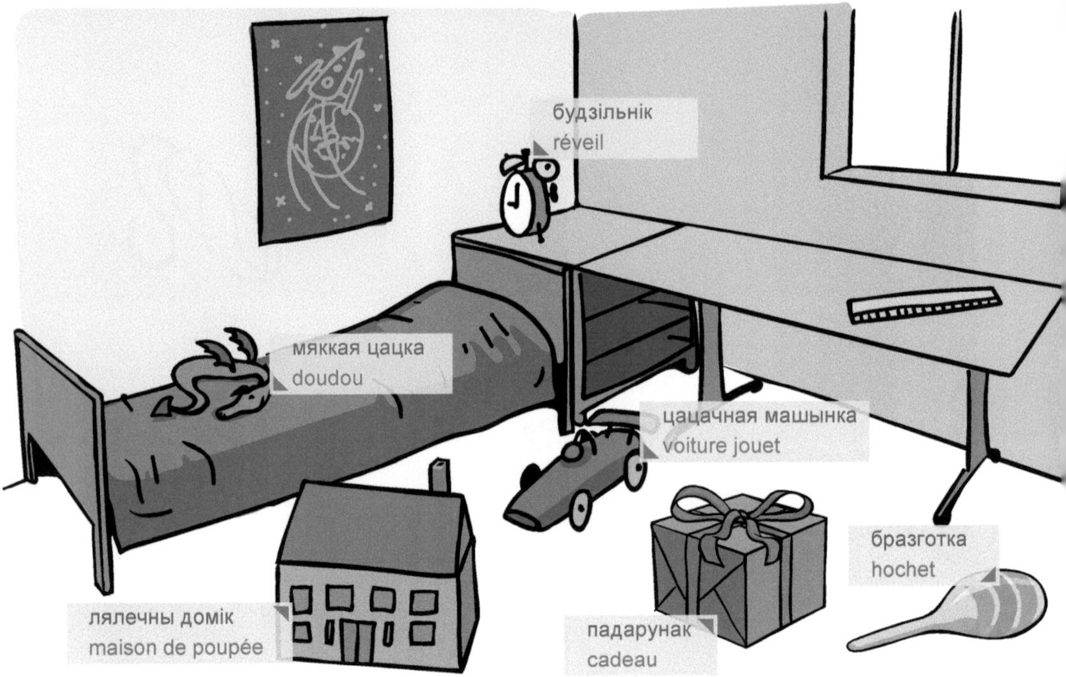

будзільнік
réveil
мяккая цацка
doudou
цацачная машынка
voiture jouet
бразготка
hochet
лялечны домік
maison de poupée
падарунак
cadeau

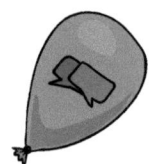

надзіманы шарык

ballon

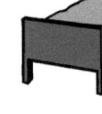

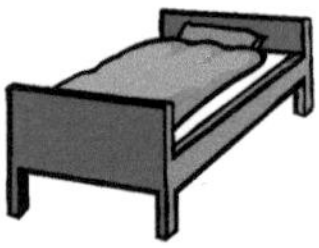

ложак

lit

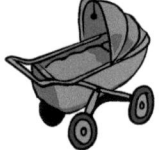

дзіцячая каляска

poussette

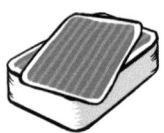

калода картаў

jeu de cartes

пазл

puzzle

SUPER
MEGA

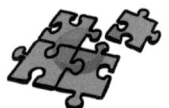

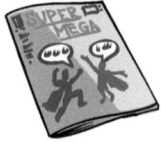

комікс

bande dessinée

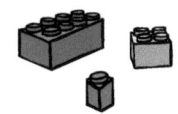

канструктар "Лега"

pièces lego

канструктар

blocs de construction

экшэн-фігурка

figurine

дзіцячы гарнітур

grenouillère

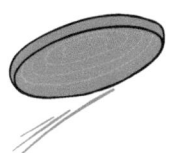

фрызбі

frisbee

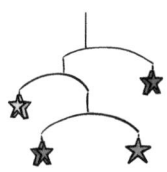

дзіцячы мабіль

mobile

настольная гульня

jeu de société

кубік

dé

дзіцячая чыгунка

train miniature

пустышка

sucette

дзіцячае свята

fête

кніга з малюнкамі

livre d'images

мячык

balle

лялька

poupée

гуляцца

jouer

пясочніца

bac à sable

арэлі

balançoire

цацкі

jouets

гульнявая відэа прыстаўка

console de jeu

трохколавы ровар

tricycle

плюшавы мішка

ours en peluche

шафа

armoire

адзенне

vêtements

шкарпэткі

chaussettes

панчохі

bas

калготкі

collant

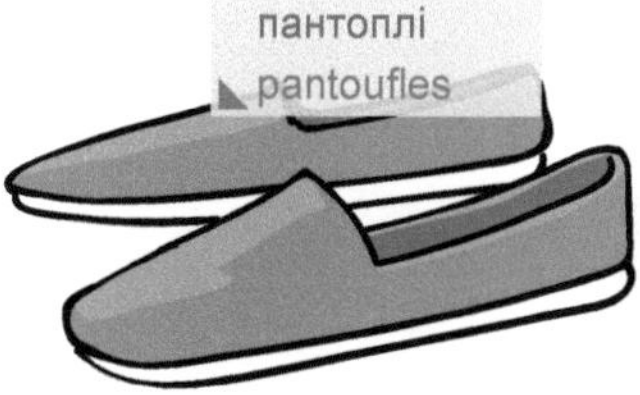

шалік
écharpe

парасон
parapluie

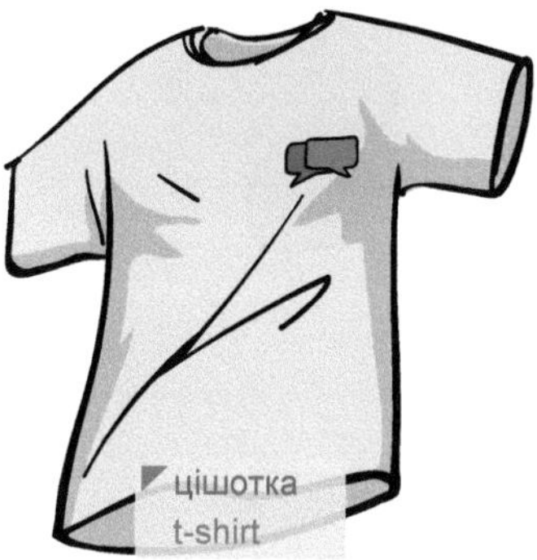

рамень
ceinture

цішотка
t-shirt

боты
bottes

пантоплі
pantoufles

красоўкі
baskets

сандалі
....
sandales

абутак
....
chaussures

гумовыя боты
....
bottes de caoutchouc

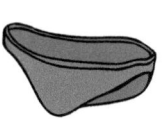

трусы
....
sous-vêtements

бюстгальтар
....
soutien-gorge

майка
....
maillot de corps

бодзі

body

штаны

pantalon

джынсы

jean

спадніца

jupe

блузка

chemisier

кашуля

chemise

джэмпер

pull

талстоўка

sweat à capuche

блэйзер

veste

куртка

veste

паліто

manteau

дажджавік

imperméable

касцюм

costume

сукенка

robe

вясельная сукенка

robe de mariée

касцюм
costume

начная сарочка
chemise de nuit

піжама
pyjama

сары
sari

хустка
foulard

цюрбан
turban

паранджа
burqa

каптан
caftan

Абая
abaya

купальнік
maillot de bain

плаўкі
maillot de bain

шорты
short

спартыўны касцюм
tenue d'entraînement

фартух
tablier

пальчаткі
gants

гузік

bouton

акуляры

lunettes

бранзалет

bracelet

каралі

collier

кальцо

bague

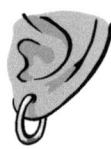

завушніца

boucle d'oreille

кепка

bonnet

вешалка

cintre

капялюш

chapeau

гальштук

cravate

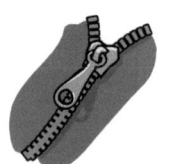

маланка

fermeture éclair

шлем

casque

падцяжкі

bretelles

школьная форма

uniforme scolaire

уніформа

uniforme

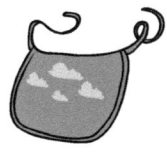

нагруднік

bavoir

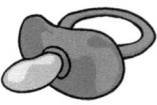

пустышка

sucette

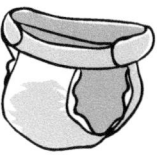

падгузнік

lange

офіс

bureau

сервер
serveur
канцылярская шафа
armoire d'archivage
папера
papier
прынтэр
imprimante
манітор
écran
пісьмовы стол
bureau
мыш
souris
тэчка
classeur
клавіятура
clavier
смеццевы кошык
corbeille à papier
кампутар
ordinateur
крэсла
chaise

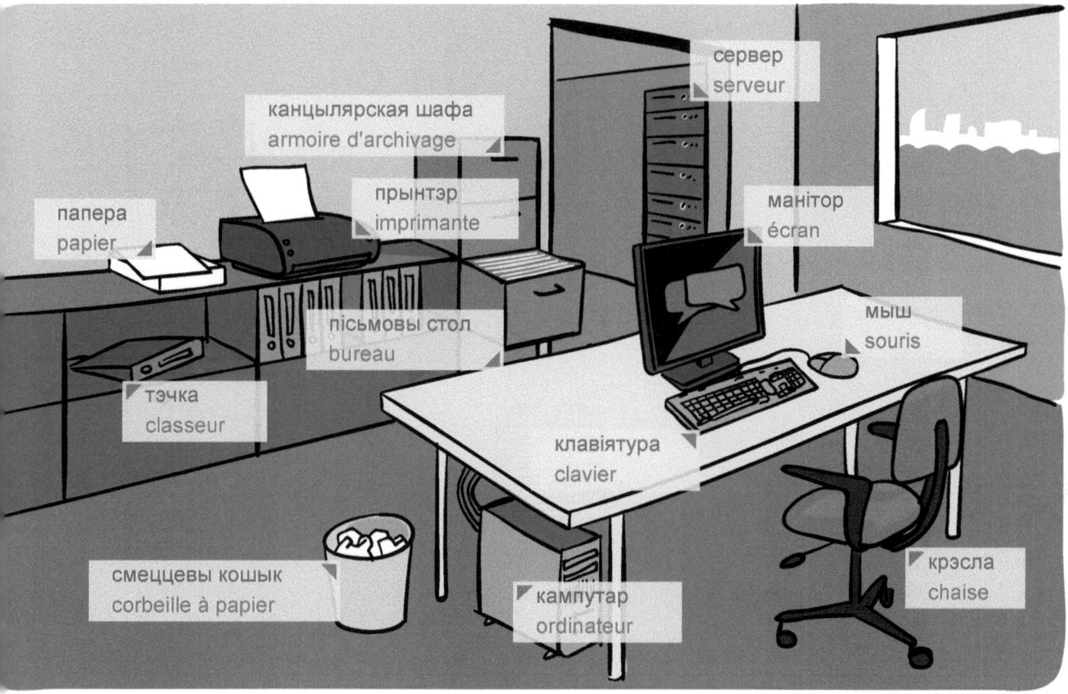

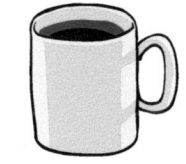

убак для кавы (філіжанка)

tasse de café

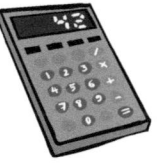

калькулятар

calculatrice

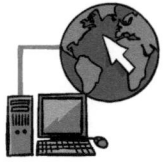

інтэрнэт

internet

ноўтбук

ordinateur portable

ліст

lettre

паведамленне

message

мабільны тэлефон

portable

сетка

réseau

ксеракс

photocopieuse

праграмнае забеспячэнне

logiciel

тэлефон

téléphone

разетка

prise

факс

fax

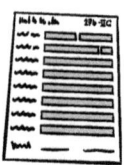

фармуляр

formulaire

дакумент

document

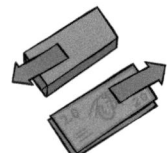

купляць

acheter

плаціць

payer

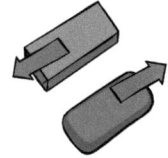

гандляваць

faire du commerce

грошы

monnaie

долар

dollar

еўра

euro

ена

yen

рубель

rouble

франк

franc suisse

кітайскі юань

renminbi yuan

рупія

roupie

банкамат

distributeur automatique

абменны пункт

bureau de change

золата

or

срэбра

argent

нафта

pétrole

энергія

énergie

цана

prix

кантракт

contrat

падатак

taxe

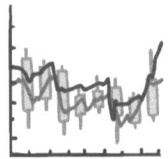

акцыя

action

працаваць

travailler

служачы

employé

працадаўца

employeur

фабрыка

usine

крама

magasin

прафесіі
professions

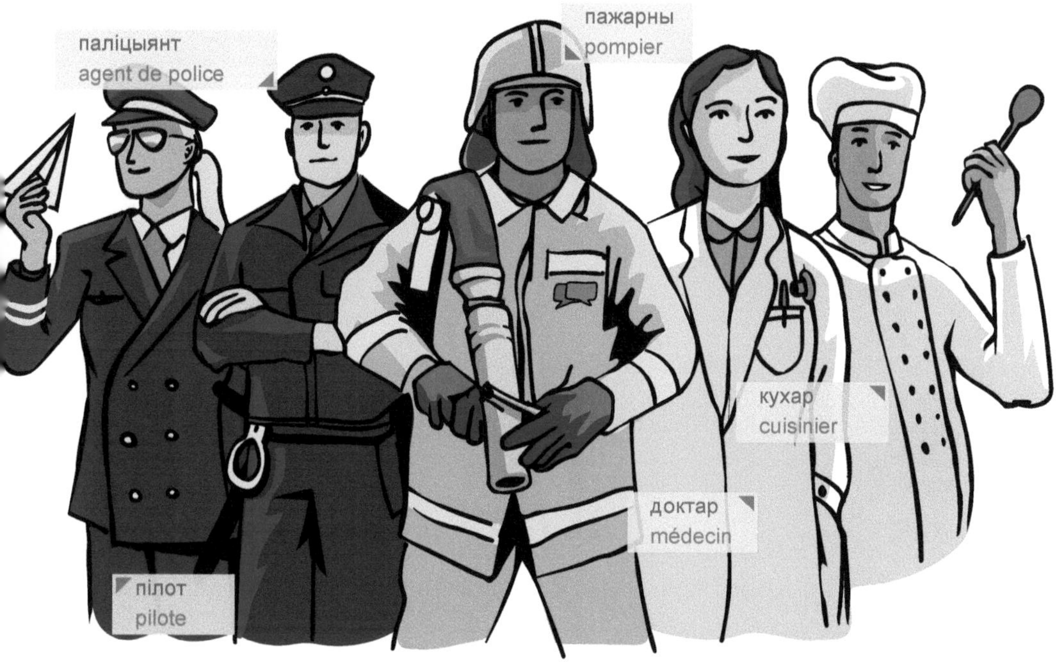
паліцыянт
agent de police
пажарны
pompier
кухар
cuisinier
доктар
médecin
пілот
pilote

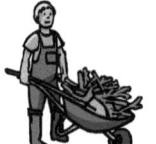

садоўнік

jardinier

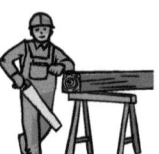

слесар

menuisier

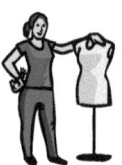

швачка

couturière

суддзя

juge

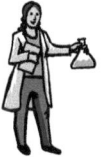

хімік

chimiste

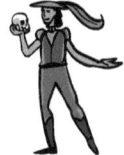

артыст

acteur

кіроўца аўтобуса

conducteur de bus

таксіст

chauffeur de taxi

рыбак

pêcheur

прыбіральшчыца

femme de ménage

страхар

couvreur

афіцыянт

serveur

паляўнічы

chasseur

мастак

peintre

пекар

boulanger

электрык

électricien

будаўнік

ouvrier

інжынер

ingénieur

мяснік

boucher

сантэхнік

plombier

паштальён

facteur

салдат

soldat

архітэктар

architecte

касір

caissier

фларыст

fleuriste

цырульнік

coiffeur

кандуктар

contrôleur

механік

mécanicien

капітан

capitaine

стаматолаг

dentiste

вучоны

scientifique

рабін

rabbin

імам

imam

манах

moine

святар

prêtre

інструменты

outils

пласкагубцы
pinces
малаток
marteau
адвёртка
tournevis
ліхтарык
torche
гаечны ключ
clé

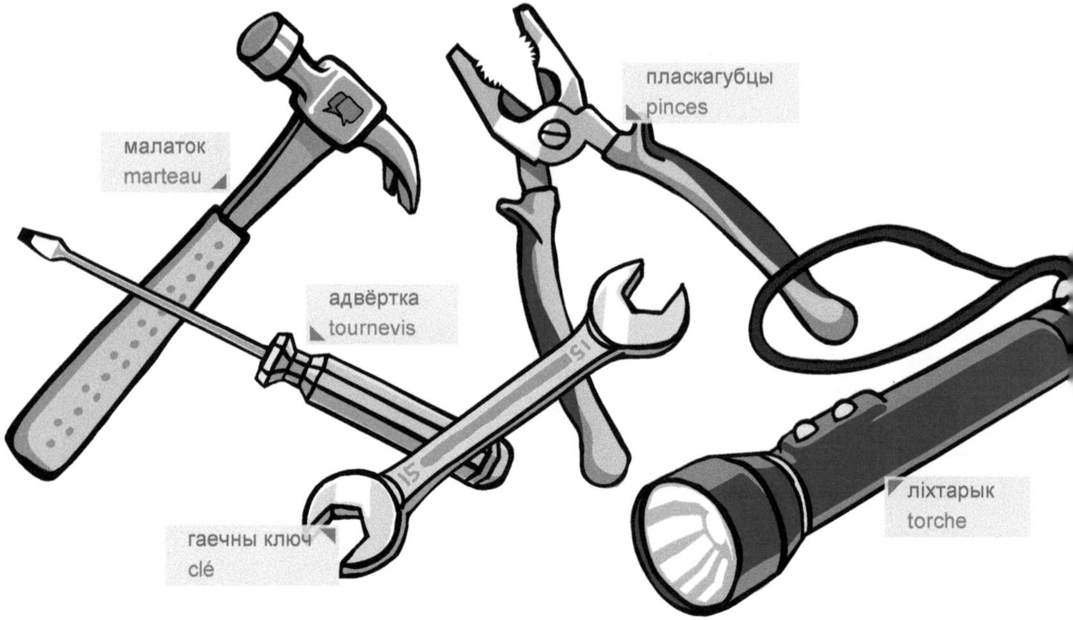

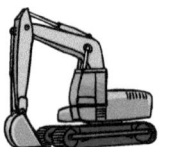

экскаватар

pelleteuse

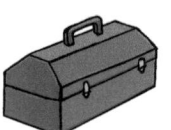

скрыня для інструментаў

boîte à outils

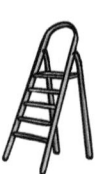

дравіны

échelle

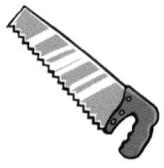

піла

scie

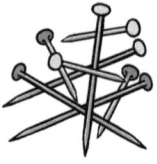

цвікі

clous

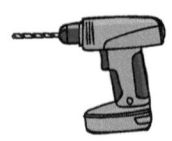

дрыль

perceuse

рамантаваць

réparer

рыдлеўка

pelle

Халера!

Mince !

шуфлік для смецця

pelle

вядро з фарбаю

pot de peinture

балты

vis

музычныя інструменты
instruments de musique

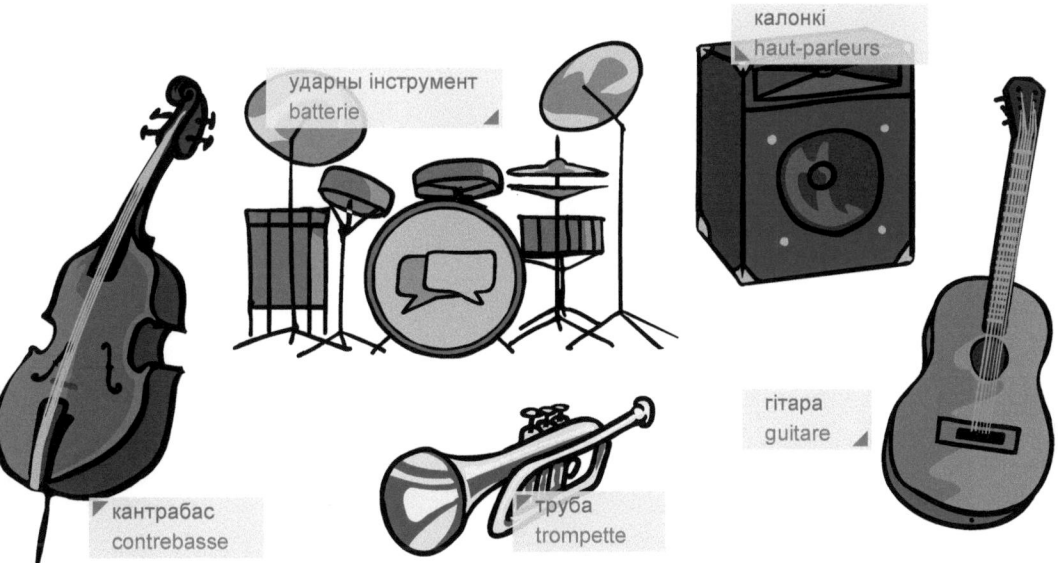

ударны інструмент
batterie

калонкі
haut-parleurs

кантрабас
contrebasse

труба
trompette

гітара
guitare

піяніна

piano

скрыпка

violon

басгітара

basse

літаўры

timbales

барабан

tambour

клавішны электрамузычны
інструмент

piano électrique

саксафон

saxophone

флейта

flûte

мікрафон

microphone

заапарк

zoo

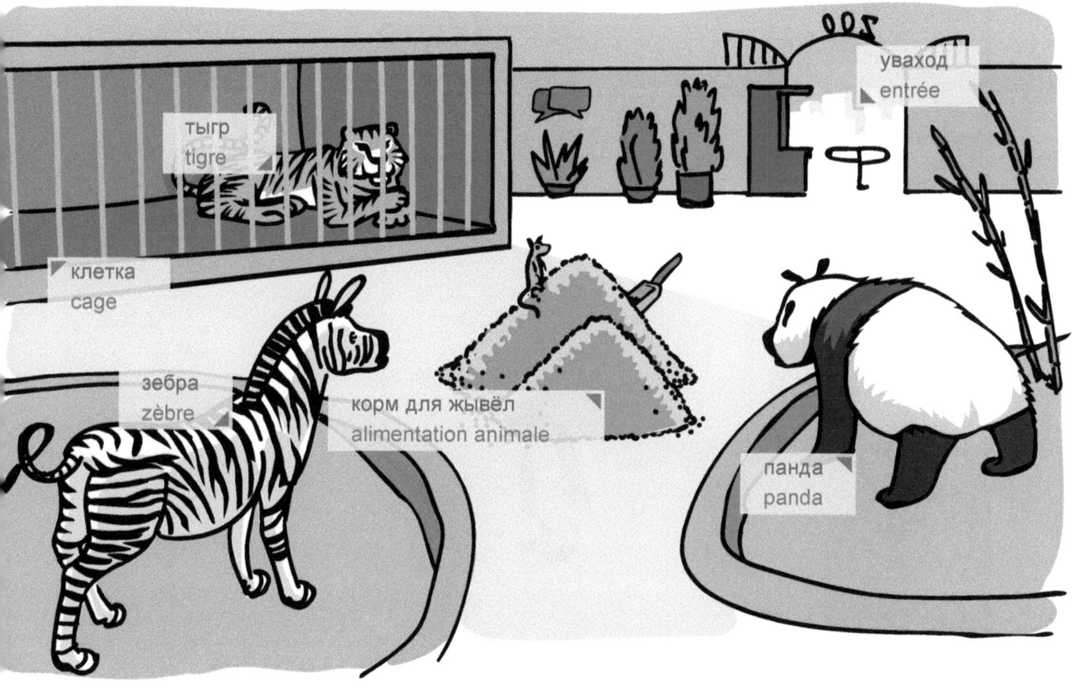

zoo
увахoд
entrée
тыгр
tigre
клетка
cage
зебра
zèbre
корм для жывёл
alimentation animale
панда
panda

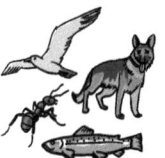

жывёлы

animaux

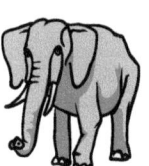

слон

éléphant

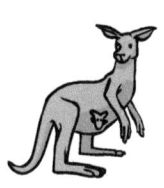

кенгуру

kangourou

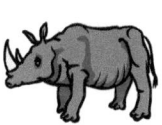

насарог

rhinocéros

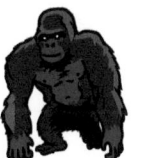

гарыла

gorille

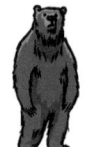

мядзведзь

ours

вярблюд

chameau

стравус

autruche

леў

lion

малпа

singe

фламінга

flamand rose

папугай

perroquet

белы мядзведзь

ours polaire

пінгвін

pingouin

акула

requin

паўлін

paon

змяя

serpent

кракадзіл

crocodile

наглядчык заапарка

gardien de zoo

цюлень

phoque

ягуар

jaguar

поні

poney

леапард

léopard

бегемот

hippopotame

жыраф

girafe

арол

aigle

дзік

sanglier

рыбак

poisson

чарапаха

tortue

морж

morse

ліса

renard

газель

gazelle

амерыканскі футбол
american Football

веласпорт
cyclisme

тэніс
tennis

баскетбол
basket-ball

плаванне
natation

бокс
boxe

хакей з шайбай
hockey sur glace

футбол
football

бадмінтон
badminton

лёгкая атлетыка
athlétisme

гандбол
handball

горныя лыжы
ski

пола
polo

дзейнасць
activités

смяяцца
rire
скакаць
sauter
абдымаць
embrasser
іcцi
marcher
спяваць
chanter
марыць
rêver
маліцца
prier
цалаваць
faire la bise

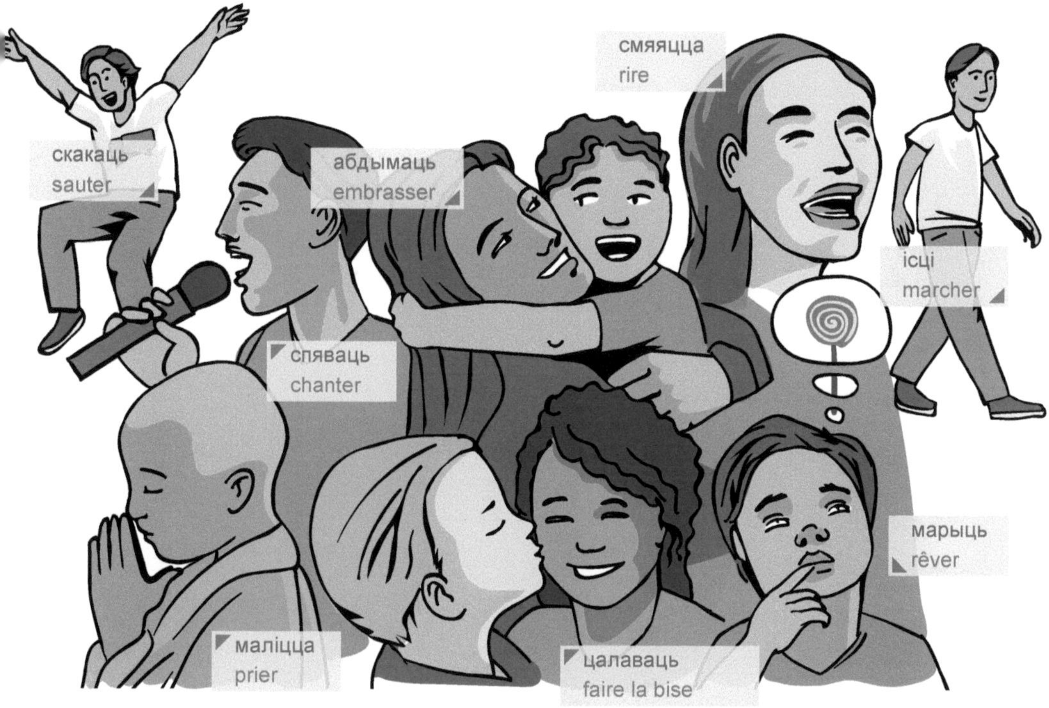

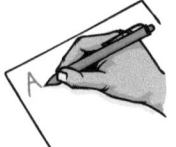

пісаць

écrire

маляваць

dessiner

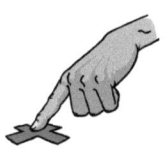

паказваць

montrer

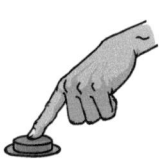

націснуць

pousser

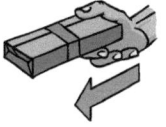

даваць

donner

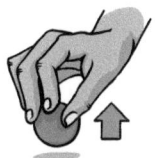

браць

prendre

маць

avoir

выконваць

faire

быць

être

стаяць

être debout

бегчы

courir

цягнуць

trier

кідаць

jeter

падаць

tomber

ляжаць

être couché

чакаць

attendre

насіць

porter

сядзець

être assis

апранацца

s'habiller

спаць

dormir

прачынацца

se réveiller

глядзець

regarder

плакаць

pleurer

лашчыць

caresser

прычэсвацца

peigner

гаварыць

parler

разумець

comprendre

пытаць

demander

чуць

écouter

піць

boire

есці

manger

прыбіраць

ranger

кахаць

aimer

гатаваць

cuire

ехаць

conduire

лятаць

voler

дзейнасць - activités

плаваць пад ветразем

faire de la voile

лічыць

calculer

чытаць

lire

вучыць

apprendre

працаваць

travailler

уступаць у шлюб

se marier

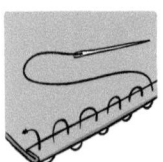

шыць

coudre

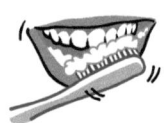

чысціць зубы

brosser les dents

забіваць

tuer

курыць

fumer

пасылаць

envoyer

бабуля
grand-mère

дзядуля
grand-père

бацька
père

маці
mère

дзіця
bébé

дачка
fille

сын
fils

госць

hôte

цётка

tante

дзядзька

oncle

брат

frère

сястра

sœur

цела

corps

лоб
front
вока
œil
плячо
épaule
палец
doigt
твар
visage
падбародак
menton
рука
main
грудзі
poitrine
нага
jambe
рука
bras

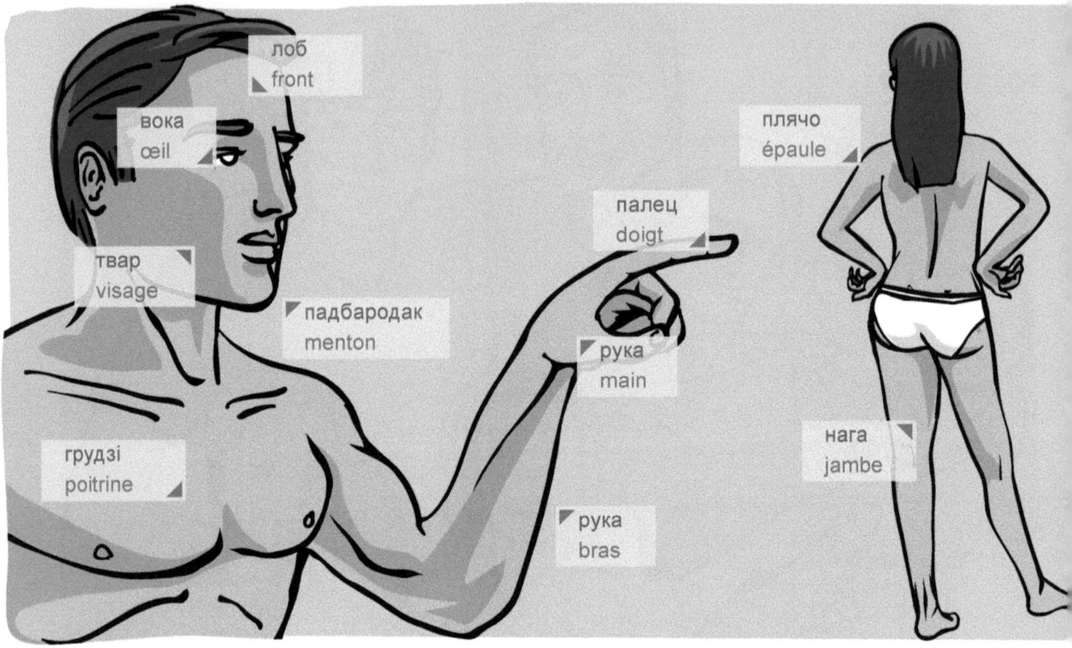

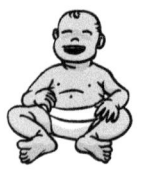

дзіця

bébé

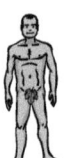

мужчына

homme

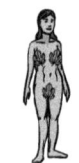

жанчына

femme

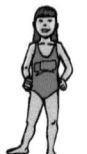

дзяўчынка

fille

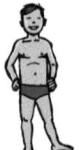

хлопчык

garçon

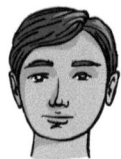

галава

tête

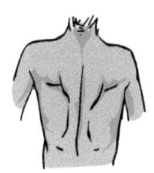

спіна

dos

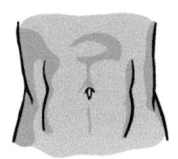

жывот

ventre

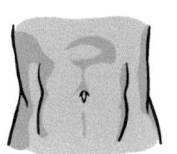

пуп

nombril

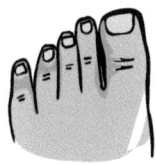

палец нагі

orteil

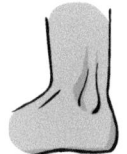

пятка

talon

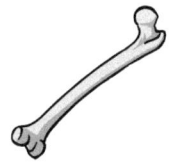

костка

os

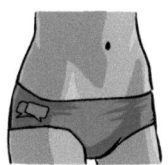

бядро

hanche

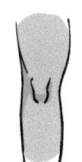

калена

genou

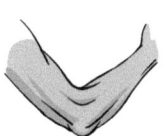

локаць

coude

нос

nez

ягадзіца

fesses

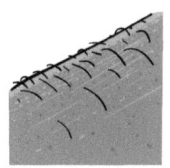

скура

peau

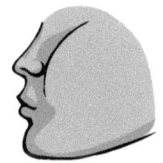

шчака

joue

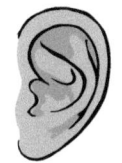

вуха

oreille

губа

lèvre

рот

bouche

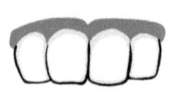

зуб

dent

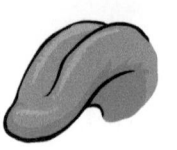

язык

langue

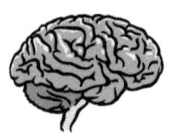

галаўны мозг

cerveau

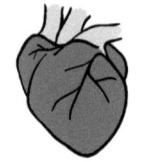

сэрца

cœur

мышца

muscle

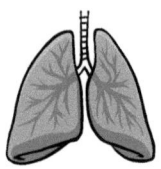

лёгкае

poumons

пячонка

foie

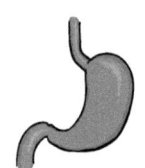

страўнік

estomac

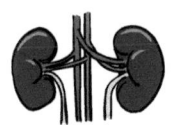

ныркі

reins

сэкс

rapport sexuel

прэзерватыў

préservatif

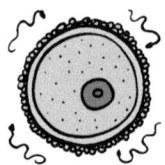

яйцаклетка

ovule

сперма

sperme

цяжарнасць

grossesse

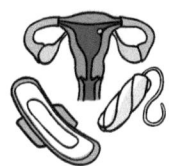

менструацыя

menstruation

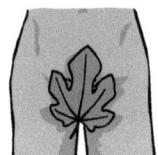

похва

vagin

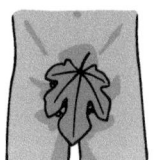

пеніс

pénis

брыво

sourcil

валасы

cheveux

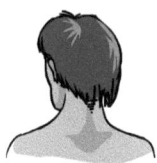

шыя

cou

шпіталь

hôpital

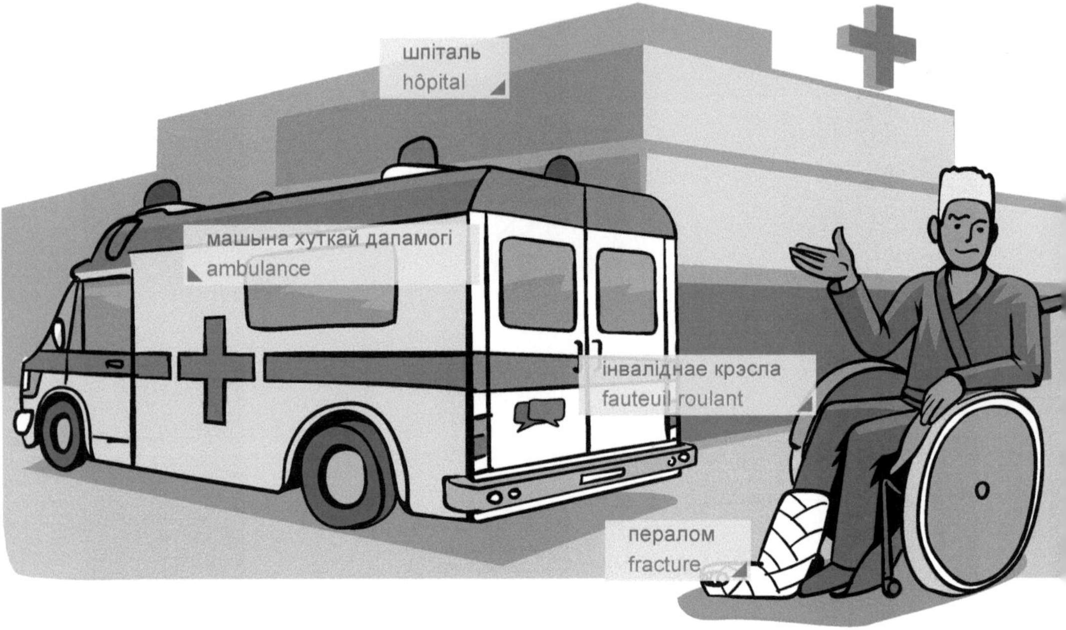

шпіталь
hôpital
машына хуткай дапамогі
ambulance
інваліднае крэсла
fauteuil roulant
пералом
fracture

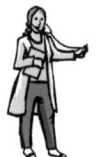

доктар

médecin

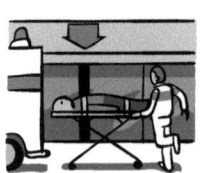

аддзяленне першай дапамогі

service des urgences

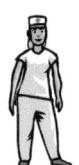

медсястра

infirmière

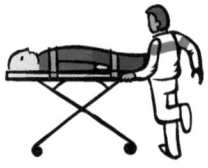

экстраная дапамога

urgence

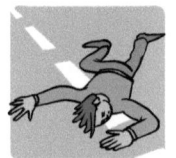

непрытомны

inconscient

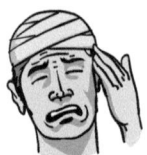

боль

douleur

траўма

blessure

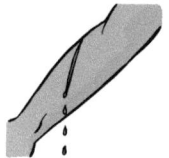

крывацёк

hémorragie

інфаркт

crise cardiaque

апаплексія

attaque cérébrale

алергія

allergie

кашаль

toux

гарачка

fièvre

грып

grippe

панос

diarrhée

галаўны боль

mal de tête

рак

cancer

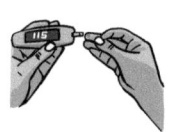

дыябет

diabète

хірург

chirurgien

скальпель

scalpel

аперацыя

opération

КТ

CT

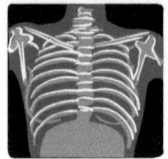

рэнтген

radiographie

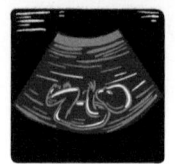

ультрагук

échographie

маска

masque

хвароба

maladie

пачакальня

salle d'attente

мыліца

béquille

пластыр

pansement

бінт

pansement

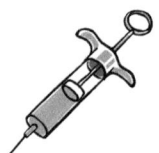

ін'екцыя

injection

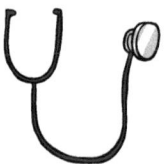

стэтаскоп

stéthoscope

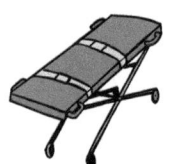

насілкі

brancard

градуснік

thermomètre

нараджэнне

accouchement

лішняя вага

surcharge pondérale

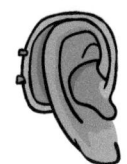

слухавы апарат

appareil auditif

дэзінфекцыйны сродак

désinfectant

інфекцыя

infection

вірус

virus

ВІЧ/СНІД

VIH / sida

лекі

médicament

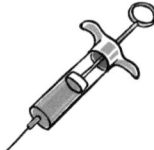

прышчэпка

vaccination

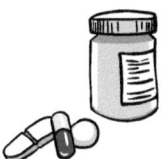

таблеткі

comprimés

супрацьзачаткавая таблетка

pilule

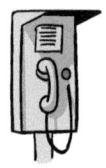

экстраны выклік

appel d'urgence

танометр

tensiomètre

хворы / здаровы

malade / sain

Ратуйце!
Au secours !

сігналізацыя
alarme

напад
assaut

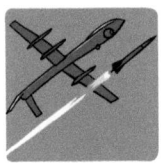

атака
attaque

небяспека
danger

аварыйны выхад
sortie de secours

Пажар!
Au feu!

вогнетушыцель
extincteur

аварыя
accident

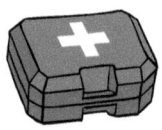

аптэчка
trousse de premier secours

СОС
SOS

паліцыя
police

Еўропа

Europe

Паўночная Амерыка

Amérique du Nord

Паўднёвая Амерыка

Amérique du Sud

Афрыка

Afrique

Азія

Asie

Аўстралія

Australie

Атлантычны акіян

Océan atlantique

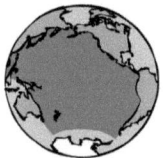

Ціхі акіян

Océan pacifique

Індыйскі акіян

Océan indien

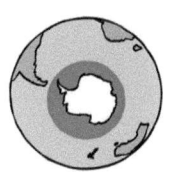

Паўднёвы ледавіты акіян

Océan antarctique

Паўночны ледавіты акіян

Océan arctique

Паўночны полюс

pôle nord

Паўднёвы полюс

pôle sud

Антарктыда

Antarctique

Зямля

terre

краіна

pays

мора

mer

востраў

île

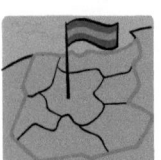

нацыя

nation

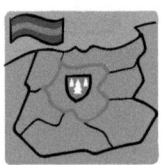

дзяржава

état

цыферблат

cadran

гадзінная стрэлка

aiguille des heures

хвілінная стрэлка

aiguille des minutes

секундная стрэлка

aiguille des secondes

Колькі часу?

Quelle heure est-il ?

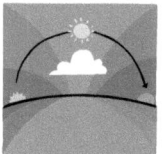

дзень

jour

час

temps

зараз

maintenant

электронны гадзіннік

montre digitale

хвіліна

minute

гадзіна

heure

тыдзень
semaine

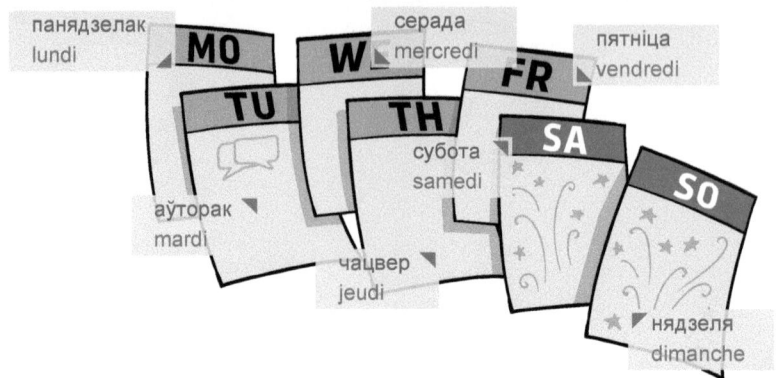

панядзелак
lundi

серада
mercredi

пятніца
vendredi

аўторак
mardi

чацвер
jeudi

субота
samedi

нядзеля
dimanche

ўчора
....
hier

сёння
....
aujourd'hui

заўтра
....
demain

раніца
....
matin

абед
....
midi

вечар
....
soir

MO	TU	WE	TH	FR	SA	SU
1	2	3	4	5	6	7
8	9	10	11	12	13	14
15	16	17	18	19	20	21
22	23	24	25	26	27	28
29	30	31	1	2	3	4

працоўныя дні
....
jours ouvrables

MO	TU	WE	TH	FR	SA	SU
1	2	3	4	5	6	7
8	9	10	11	12	13	14
15	16	17	18	19	20	21
22	23	24	25	26	27	28
29	30	31	1	2	3	4

выхадныя
....
week-end

год

année

дождж
pluie
вясёлка
arc-en-ciel
вецер
vent
снег
neige
вясна
printemps
лета
été
восень
automne
зіма
hiver

4.APRIL 11°
5.APRIL 4°
6.APRIL 13°
7.APRIL 8°
8.APRIL 10°

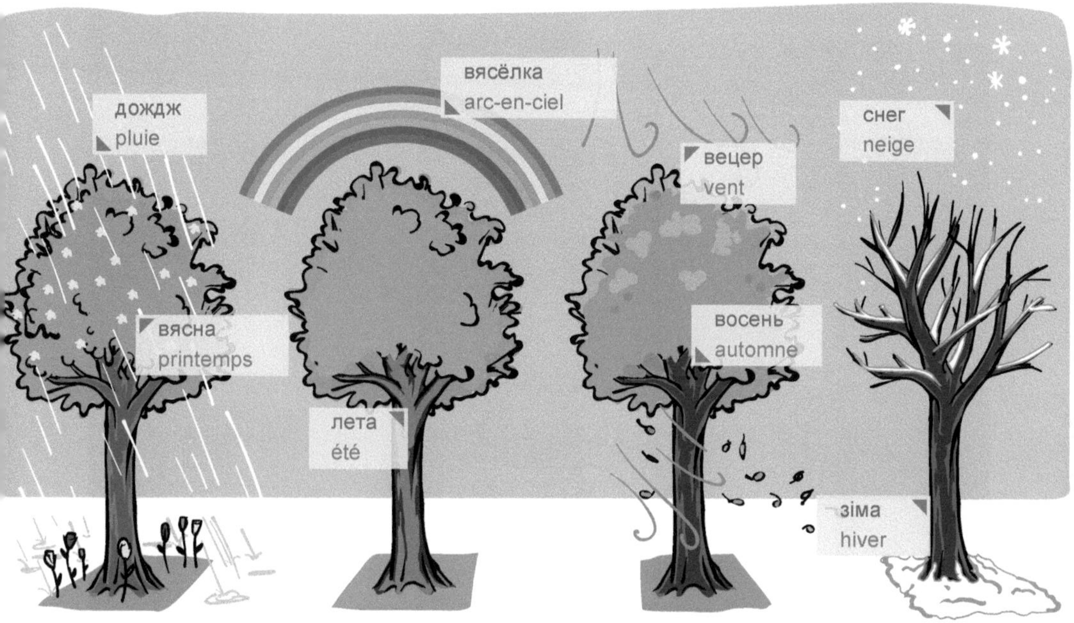

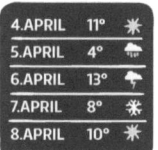

прагноз надвор'я

météo

F
C
120
90
60
30
0
-30
40
30
20
10
0
-10
-20

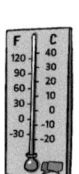

градуснік

thermomètre

сонечнае святло

lumière du soleil

воблака

nuage

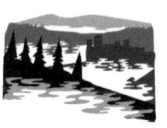

туман

brouillard

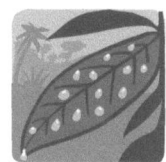

вільготнасць паветра

humidité

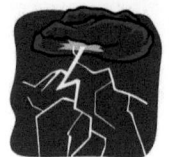

маланка

foudre

гром

tonnerre

бура

tempête

град

grêle

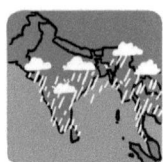

мусонны вецер

mousson

прыліў

inondation

лёд

glace

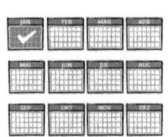

студзень

janvier

люты

février

сакавік

mars

красавік

avril

май

mai

чэрвень

juin

ліпень

juillet

жнівень

août

верасень

septembre

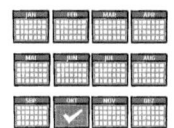

кастрычнік

octobre

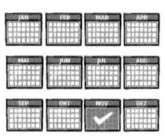

лістапад

novembre

снежань

décembre

круг

cercle

квадрат

carré

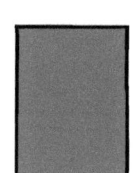

прамавугольнік

rectangle

трохвугольнік

triangle

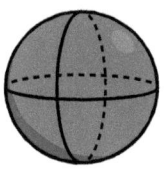

шар

sphère

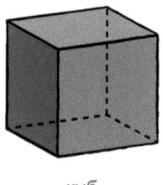

куб

cube

белы

blanc

жоўты

jaune

аранжавы

orange

ружовы

rose

чырвоны

rouge

фіялетавы

violet

сіні

bleu

зялёны

vert

карычневы

marron

шэры

gris

чорны

noir

шмат / мала

beaucoup / peu

злы / добры

fâché / calme

прыгожы / брыдкі

joli / laid

пачатак / канец

début / fin

высокі / малы

grand / petit

светлы / цёмны

clair / obscure

сястра / брат

frère / soeur

чысты / брудны

propre / sale

поўны / няпоўны

complet / incomplet

дзень / ноч

jour / nuit

мёртвы / жывы

mort / vivant

шырокі / вузкі

large / étroit

ядомы / неядомы

comestible / incomestible

злы / добры

méchant / gentil

узбуджаны / нудны

excité / ennuyé

тоўсты / тонкі

gros / mince

першы / апошні

premier / dernier

сябар / вораг

ami / ennemi

поўны / пусты

plein / vide

цвёрды / мяккі

dur / souple

важкі / лёгкі

lourd / léger

голад / смага

faim / soif

хворы / здаровы

malade / sain

нелегальны / легальны

illégal / légal

разумны / дурны

intelligent / stupide

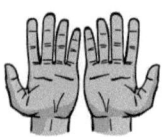

левы / правы

gauche / droite

побач / далёка

proche / loin

новы / былы ва ўжыванні

nouveau / usé

нічога / нешта

rien / quelque chose

стары / малады

vieux / jeune

укл / выкл

marche / arrêt

адчынены / зачынены

ouvert / fermé

ціхі / гучны

faible / fort

багаты / бедны

riche / pauvre

правільна / няправільна

correct / incorrect

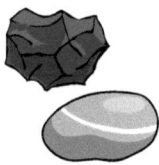

шурпаты / гладкі

rugueux / lisse

сумны / шчаслівы

triste / heureux

кароткі / доўгі

court / long

павольны / хуткі

lent / rapide

вільготны / сухі

mouillé / sec

цёплы / халаднаваты

chaud / froid

вайна / мір

guerre / paix

супрацьлегласці - oppositions

0

нуль

zéro

1

адзін

un / une

2

два

deux

3

тры

trois

4

чатыры

quatre

5

пяць

cinq

6

шэсць

six

7

сем

sept

8

восем

huit

9

дзевяць

neuf

10

дзесяць

dix

11

адзінаццаць

onze

12
дванаццаць
douze

13
трынаццаць
treize

14
чатырнаццаць
quatorze

15
пятнаццаць
quinze

16
шаснаццаць
seize

17
сямнаццаць
dix-sept

18
васямнаццаць
dix-huit

19
дзевятнаццаць
dix-neuf

20
дваццаць
vingt

100
сто
cent

1.000
тысяча
mille

1.000.000
мільён
million

лічбы - nombres

англійская

anglais

англійская (Амерыка)

anglais américain

кітайская мандарынская

chinois mandarin

хіндзі

hindi

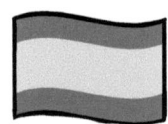

іспанская

espagnol

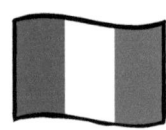

французская

français

арабская

arabe

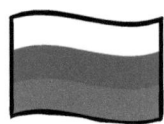

руская

russe

партугальская

portugais

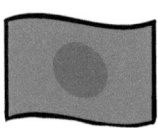

бенгальская

bengali

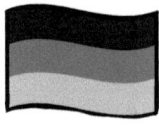

нямецкая

allemand

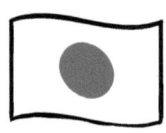

японская

japonais

я
....
je

ты
....
tu

ён / яна / яно
....
il / elle / ce, c', cela

мы
....
nous

вы
....
vous

яны
....
ils / elles

хто?
....
Qui ?

што?
....
Quoi ?

як?
....
Comment ?

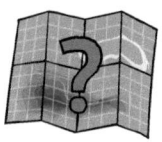

дзе?
....
Où ?

калі?
....
Quand ?

імя
....
nom

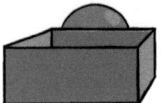

за
....
derrière

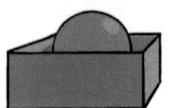

у
....
dans

перад
....
devant

над
....
au-dessus

на
....
sur

пад
....
en-dessous

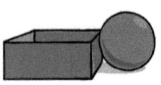

каля
....
à côté de

паміж
....
entre

месца
....
lieu